D0503711

Peldaños

Yellowstone
Parque nacional

Bienvenido al
parque nacional
YELLOWSTONE

por Christopher Siegel

Yellowstone es una prueba de qué tan violenta puede ser la Tierra. Los científicos estiman que hace aproximadamente 640,000 años hubo una erupción volcánica gigante en el área que en la actualidad es el centro del parque. La tierra quedó destruida cuando corrientes de lava que se desplazaban rápidamente cubrieron la región y, en el centro, quedó un gran cráter llamado **caldera.** La actividad volcánica de Yellowstone continúa en la actualidad. Los turistas se reúnen para ver las elevadas cascadas, las borboteantes fuentes termales y los géiseres desbordantes.

Sin embargo, Yellowstone es mucho más que fuentes termales y vapor desbordante. También es un bello lugar. El parque pertenece a un área amplia y llana llamada **meseta** alta. Está rodeado por montañas y varios ríos lo drenan. Los límites del parque encierran picos escarpados, lagos alpinos, cañones profundos y vastos bosques.

❮ La pileta Morning Glory es una fuente termal colorida. Su agua se calienta por la acción de rocas derretidas que están a gran profundidad.

La historia de Yellowstone

Yellowstone se estableció como el primer parque nacional de los Estados Unidos el 1 de marzo de 1872, bajo la presidencia de Ulysses S. Grant. Según la Ley del Acta de Dedicación, el parque iba a ser un área natural creada "para el beneficio y el disfrute del pueblo".

Yellowstone es el parque nacional más grande de los **Estados Unidos continentales**, todos los estados de los EE. UU. que se tocan en el continente norteamericano. Sus límites se ubican en tres estados, Wyoming, Montana y Idaho. El parque es más grande que Delaware y Rhode Island juntos. En la actualidad, el parque es parte del Ecosistema del Gran Yellowstone. Un **ecosistema** está formado por todas las plantas, los animales y los objetos inertes que interaccionan entre sí en un medio ambiente.

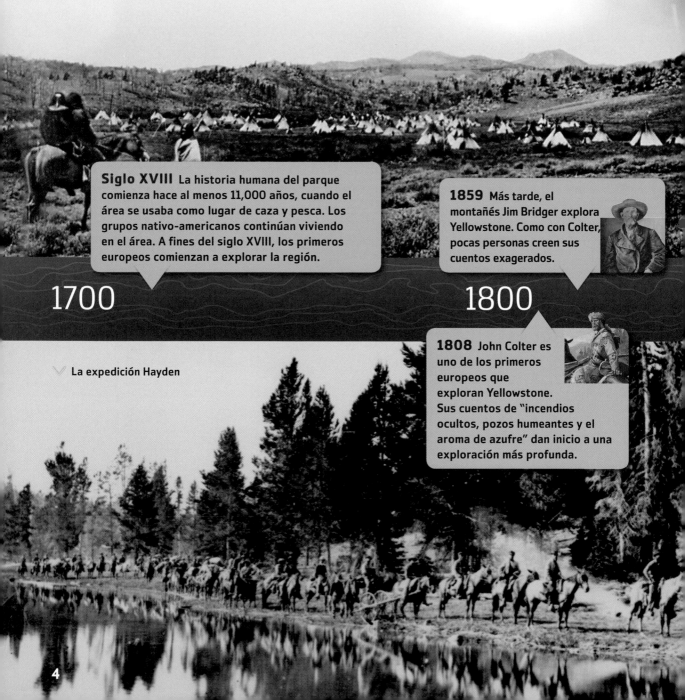

Siglo XVIII La historia humana del parque comienza hace al menos 11,000 años, cuando el área se usaba como lugar de caza y pesca. Los grupos nativo-americanos continúan viviendo en el área. A fines del siglo XVIII, los primeros europeos comienzan a explorar la región.

1859 Más tarde, el montañés Jim Bridger explora Yellowstone. Como con Colter, pocas personas creen sus cuentos exagerados.

1700

La expedición Hayden

1800

1808 John Colter es uno de los primeros europeos que exploran Yellowstone. Sus cuentos de "incendios ocultos, pozos humeantes y el aroma de azufre" dan inicio a una exploración más profunda.

1872 El presidente Ulysses S. Grant convierte en ley un proyecto para crear el parque nacional Yellowstone.

1995 El Servicio de Pesca y Fauna de los Estados Unidos reintroduce el lobo gris al parque nacional Yellowstone. Los lobos prosperan. Más de 300 de sus descendientes viven en el Ecosistema del Gran Yellowstone.

1900

2000

1871 La Expedición Hayden, retratada en la página 4, completa un reconocimiento oficial de la región de Yellowstone para el Congreso de los Estados Unidos. Un equipo de 34 hombres en siete carretas parte a documentar el área. El reconocimiento sirve como testimonio en favor del establecimiento de Yellowstone como primer parque nacional de los Estados Unidos.

2010 Yellowstone atrae a casi 3.6 millones de turistas. Esto supera el récord de 2009, cuando 3.3 millones de visitantes (incluido el presidente Barack Obama y su familia) se agrupan en el parque para ver las fuentes termales, los géiseres y la fauna del parque.

Datos sobre Yellowstone

Los medio ambientes naturales de Yellowstone son unos de los lugares más interesantes del mundo. Aproximadamente el 5 por ciento del parque está cubierto con agua. Los pastizales cubren el 15 por ciento, y el 80 por ciento es bosque. La región es el hogar de más de 67 especies de mamíferos, incluido el lince canadiense, el lobo gris y el oso pardo. Muchos de los animales migran, o se mudan a otro medio ambiente, dentro del Ecosistema del Gran Yellowstone. Estos animales son una atracción principal del parque.

El bisonte americano, un símbolo del oeste estadounidense, es quizá el animal que más buscan los turistas. A comienzos del siglo XIX, se estima que unos 50 millones de bisontes vagaban por Norteamérica. Sin embargo, hacia 1902, solo quedaban unos 1,000 bisontes nativos. Yellowstone brindaba un área suficientemente grande para restablecer las manadas de bisontes y así salvar al bisonte americano de la extinción.

> El arco de Roosevelt es un símbolo importante para todos los parques nacionales estadounidenses. En la parte superior, está tallado "Para el beneficio y el disfrute del pueblo".

▲ El río Yellowstone es el río más largo sin diques en los Estados Unidos continentales. Su nombre proviene de los acantilados de piedra arenisca amarilla a ambos lados de él.

▲ Yellowstone contiene aproximadamente la mitad de las características hidrotermales del mundo. Hay unas 10,000 en el parque, incluidos más de 300 géiseres.

▲ Los bisontes son los mamíferos terrestres más grandes de Norteamérica. Más de 3,000 bisontes vagan por los pastizales de Yellowstone todo el año.

CREATED BY
ACT OF CONGRESS
MARCH 1, 1872

Compruébalo ¿Por qué crees que es importante preservar el medio ambiente natural de Yellowstone?

Un paseo por el volcánico
YELLOWSTONE

por Richard Easby

¡Bienvenido al parque nacional Yellowstone! Nuestro paseo comienza en la entrada norte. Echa un vistazo a tu alrededor y podrás ver una tierra cubierta con árboles y hierba, lagos burbujeantes y ríos rápidos. La mayoría de las personas llegan a ver la famosa fauna de Yellowstone, como el bisonte, los osos pardos y los lobos grises. Yellowstone tiene 2.2 millones de acres de naturaleza, pero el parque también es una maravilla **geológica**. Tres veces en los dos millones de años pasados, enormes erupciones volcánicas arrojaron ceniza caliente, lava y gas al cielo y a través de la tierra. Estas erupciones ayudaron a crear la tierra que ves hoy.

Yellowstone se encuentra en la parte superior de un centro de actividad geológica. Una cámara, o enorme área cerrada, yace en las profundidades del parque. Esta cámara está llena de **magma**, o roca fundida, y es parte de uno de los volcanes más grandes del mundo. No obstante, el volcán no puede verse, ya que está bajo tierra. La erupción más reciente sucedió hace 640,000 años, aproximadamente. Las explosiones hicieron que parte de la cámara de magma colapsara y formara un enorme cráter llamado caldera. En la actualidad, las señales de la actividad volcánica están esparcidas por todos lados en Yellowstone. Desde el estanque Sizzling y el cañón Firehole hasta el río Boiling, Yellowstone es un lugar caliente. ¡Encontremos algunos ejemplos de actividad volcánica en Yellowstone!

Entrada oeste

IDAHO MONTANA

Grand Prismatic Spring

Entrada norte

Fuentes ~~ermales~~ ~~mmoth~~

VISTA PANORÁMICA 1

Arco de Roosevelt

M O N T A N A

W Y O M I N G

Entrada noreste

VISTA PANORÁMICA 2 **Acantilado de obsidiana**

Río Gardner

VISTA PANORÁMICA 6 **Árbol petrificado**

Río Lamar

Río Yellowstone

VISTA PANORÁMICA 5 **Olla de barro del estanque Sizzling**

VISTA PANORÁMICA 3 **Grand Prismatic Spring**

VISTA PANORÁMICA 4 **Géiser Old Faithful**

Lago Turbio

Isla Stevenson

Pulgar Oeste

Isla Dot

Isla Frank

Lago Yellowstone

Entrada este

~~do del paseo~~
~~ra~~
~~el parque~~
~~statal~~

10 Millas
0 Kilómetros

Lago Shoshone

Lago Decepción

Brazo de la Montaña Plana

Brazo Sur

Brazo Sudeste

Río Yellowstone

Lago Lewis

Lago Corazón

Río Serpiente

Entrada Sur

FUENTES TERMALES MAMMOTH ↘

VISTA PANORÁMICA 1 Ahora demos un paseo por Yellowstone. Recuerda consultar el mapa como guía. La primera parada en nuestro paseo es las fuentes termales Mammoth. Aquí se ven formaciones rocosas coloridas y llanas llamadas **terrazas.** Tres ingredientes clave crearon las terrazas con forma de escalones: el agua, el calor y los minerales. El agua de las fuentes termales contiene un mineral llamado carbonato de calcio, que burbujea hasta la superficie en más de 50 fuentes termales en Mammoth. El carbonato de calcio se deposita en el suelo cuando el agua fluye sobre la superficie. Con el tiempo, el calcio se acumula y forma las terrazas que ves aquí.

La superficie de la Tierra puede cambiar rápidamente en las fuentes termales Mammoth. Los minerales se acumulan y tapan el pasaje subterráneo por el que fluye el agua, lo que detiene las fuentes en un instante, y las fuentes que han estado secas durante años pueden fluir de nuevo repentinamente. Estos cambios pueden afectar el aspecto de las terrazas. Que no te sorprenda si algunas de las terrazas tienen un aspecto muy diferente la próxima vez que las visites.

ACANTILADO DE OBSIDIANA ↘

VISTA PANORÁMICA 2

¿Puedes imaginarte una montaña de vidrio? Nuestra siguiente parada es el acantilado de obsidiana. Desde una distancia, el acantilado no parece vidrio. Sin embargo, la obsidiana es una roca volcánica con una apariencia oscura y vidriosa. El acantilado, uno de los depósitos de obsidiana más grandes del mundo, se formó hace mucho, después de una erupción volcánica. La lava fundida fluyó sobre la tierra y rápidamente se endureció y formó este acantilado. La obsidiana se rompe y forma trozos redondos y planos con bordes afilados. Los nativo-americanos hacían puntas de flechas, cuchillos y puntas de lanzas con la obsidiana que encontraban aquí. La obsidiana tenía un precio alto, y los habitantes locales intercambiaban la obsidiana por otros bienes con los grupos vecinos. Las herramientas hechas con obsidiana de estos acantilados se han encontrado a cientos de millas de aquí.

Punta de flecha de obsidiana

GRAND PRISMATIC SPRING ↘

VISTA PANORÁMICA 3

Nuestra siguiente parada es Grand Prismatic Spring. Esta colorida fuente termal es la más grande de su tipo en Yellowstone. La fuente tiene un color azul pálido con un centro azul oscuro. Las algas y las bacterias, pequeños seres vivos que crecen en el agua caliente, producen los colores rojos, amarillos, anaranjados y verdes que ves. Desde arriba, Grand Prismatic Spring parece una atractiva piscina de natación, ¡pero no te zambullas! El agua caliente es peligrosa y te quemarás. Además, las algas coloridas pueden dañarse fácilmente y puede tomarles años recuperarse. Grand Prismatic Spring mide 370 pies de diámetro, y de la fuente brotan aproximadamente 500 galones de agua caliente por minuto. Si tienes suerte, verás los colores del arcoíris cuando el sol brille a través de las nubes de vapor que se forman sobre la fuente.

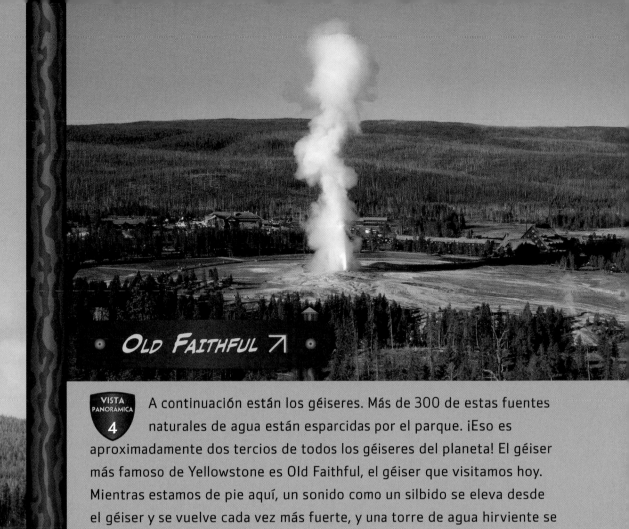

OLD FAITHFUL ↗

VISTA PANORÁMICA 4 A continuación están los géiseres. Más de 300 de estas fuentes naturales de agua están esparcidas por el parque. ¡Eso es aproximadamente dos tercios de todos los géiseres del planeta! El géiser más famoso de Yellowstone es Old Faithful, el géiser que visitamos hoy. Mientras estamos de pie aquí, un sonido como un silbido se eleva desde el géiser y se vuelve cada vez más fuerte, y una torre de agua hirviente se dispara hacia el cielo. Por favor, apresúrate si quieres tomar una fotografía porque cada erupción dura solo unos pocos minutos. No te preocupes si te lo pierdes. El confiable géiser entrará en erupción de nuevo en 90 minutos, aproximadamente.

Estanque Sizzling ↘

Para llegar a nuestra próxima parada, iremos en carro por la costa del lago Yellowstone, doblaremos hacia el norte y seguiremos el río Yellowstone hacia el estanque Sizzling. Aquí, las fuentes tienen nombres como Caldero del Dragón Negro, Lago Agrio y Boca del Dragón. No son tan bellas o coloridas como las que vimos más temprano. Estas fuentes contienen agua de color gris oscuro o marrón oscuro que burbujea, se derrama y hierve. El color oscuro del agua proviene de las sustancias químicas que se encuentran en las rocas. ¡Asegúrate de taparte la nariz! El aire huele a azufre... el olor de los huevos podridos. El aroma proviene de gases mezclados con el agua burbujeante y bacterias.

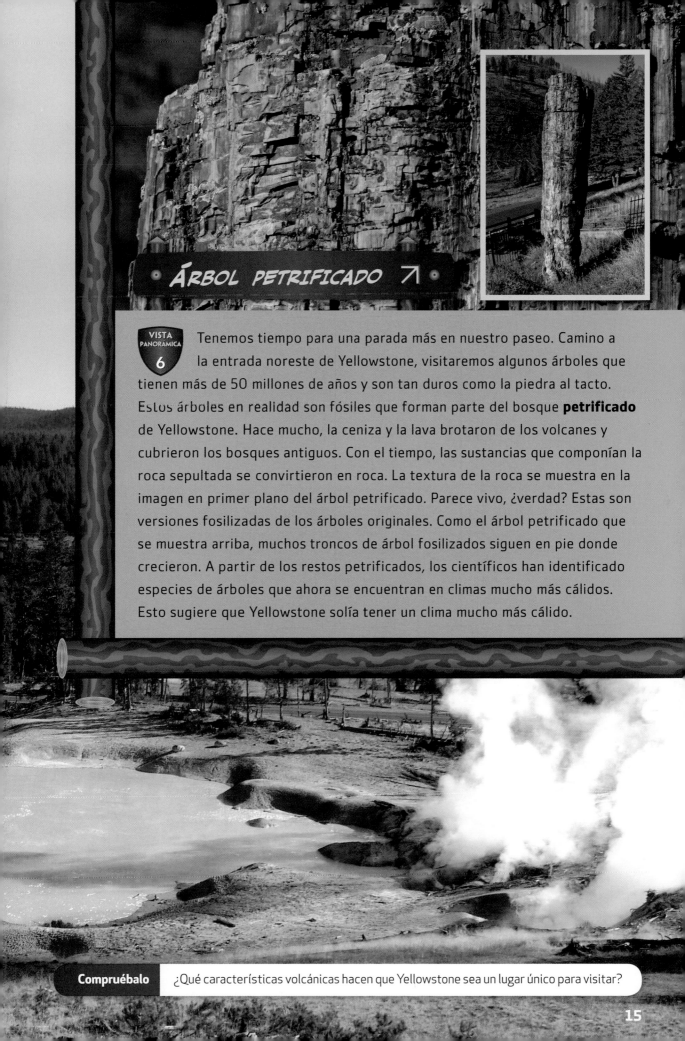

ÁRBOL PETRIFICADO ↗

VISTA PANORÁMICA 6

Tenemos tiempo para una parada más en nuestro paseo. Camino a la entrada noreste de Yellowstone, visitaremos algunos árboles que tienen más de 50 millones de años y son tan duros como la piedra al tacto. Estos árboles en realidad son fósiles que forman parte del bosque **petrificado** de Yellowstone. Hace mucho, la ceniza y la lava brotaron de los volcanes y cubrieron los bosques antiguos. Con el tiempo, las sustancias que componían la roca sepultada se convirtieron en roca. La textura de la roca se muestra en la imagen en primer plano del árbol petrificado. Parece vivo, ¿verdad? Estas son versiones fosilizadas de los árboles originales. Como el árbol petrificado que se muestra arriba, muchos troncos de árbol fosilizados siguen en pie donde crecieron. A partir de los restos petrificados, los científicos han identificado especies de árboles que ahora se encuentran en climas mucho más cálidos. Esto sugiere que Yellowstone solía tener un clima mucho más cálido.

Compruébalo ¿Qué características volcánicas hacen que Yellowstone sea un lugar único para visitar?

YELLOWSTONE
DEMASIADO EXTRAÑO PARA CREERLO

por Laura Mansilla | ilustraciones de Ron Borrensen

JOHN COLTER (1775–1813)

JOHN COLTER ERA UN EXPLORADOR. FUE MIEMBRO DE LA EXPEDICIÓN DE LEWIS Y CLARK QUE PARTIÓ PARA EXPLORAR EL PAISAJE ESTADOUNIDENSE. EN EL VIAJE DE REGRESO, JOHN EXPLORÓ YELLOWSTONE. FUE, PROBABLEMENTE, EL PRIMER DESCENDIENTE DE EUROPEOS QUE VIERA LA REGIÓN.

JIM BRIDGER (1804–1881)

JIM BRIDGER ERA TRAMPERO, COMERCIANTE DE PIELES Y MONTAÑÉS. PARTIÓ A EXPLORAR LA REGIÓN DE YELLOWSTONE A FINES DE LA DÉCADA DE 1850. JIM ERA CONOCIDO DURANTE SU VIDA Y DESPUÉS COMO BUEN CUENTISTA, ESPECIALMENTE CONTADOR DE CUENTOS EXAGERADOS.

Fuentes termales Mammoth

Acantilado de obsidiana

Árbol petrificado

Olla de barro del estanque Sizzling

Grand Prismatic Spring

Géiser Old Faitfhul

N
W E
S

LOS PRIMEROS EUROPEOS QUE VIAJARON A YELLOWSTONE ERAN CAZADORES LLAMADOS MONTAÑESES. BUSCABAN CASTORES, PORQUE LOS GORROS DE PIEL DE CASTOR ESTABAN DE MODA EN EUROPA EN ESA ÉPOCA. CUANDO LOS MONTAÑESES VOLVIERON AL ESTE, CONTARON LO QUE HABÍAN VISTO. EL PROBLEMA ERA QUE NADIE CREÍA SUS RELATOS, O CUENTOS EXAGERADOS, COMO LOS LLAMABAN.

JOHN COLTER ERA UNO DE ESOS MONTAÑESES, Y DURANTE SUS VIAJES, PASÓ POR YELLOWSTONE. NO PODÍA CREER LO QUE VEÍA. DONDE MIRARA, VEÍA PAISAJES ASOMBROSOS, COMO GÉISERES ENORMES QUE DISPARABAN AGUA AL AIRE, LODO CALIENTE QUE BURBUJEABA DESDE EL SUELO Y GRANDES NUBES DE MALOLIENTES GASES SULFUROSOS.

CUANDO COLTER REGRESÓ A LA CIVILIZACIÓN, CONTÓ LO QUE HABÍA VISTO, PERO NADIE CREYÓ SUS RELATOS ALOCADOS. A COLTER NO LE IMPORTABA QUE NO LE CREYERAN; DE TODOS MODOS ESTABA MÁS INTERESADO EN ATRAPAR CASTORES.

UNOS AÑOS DESPUÉS, OTRO MONTAÑÉS LLAMADO JIM BRIDGER EXPLORÓ YELLOWSTONE Y TAMBIÉN SE ASOMBRÓ DE LAS MARAVILLAS NATURALES QUE HABÍA ALLÍ.

AHORA BRIDGER NO ERA MÁS EL ÚNICO MONTAÑÉS QUE VISITARA YELLOWSTONE. MUCHOS OTROS FUERON Y VINIERON EN EXPEDICIONES DE TRAMPEROS. PERO JIM ERA DIFERENTE... LE GUSTABA CONTAR CUENTOS.

CUANDO BRIDGER VIAJABA DE VUELTA AL ESTE, LE ENCANTABA CONTAR CUENTOS SOBRE TODAS LAS COSAS EXTRAORDINARIAS QUE HABÍA VISTO. A JIM LE GUSTABA EXAGERAR UN POCO, Y EN CADA RELATO AGREGABA UN POQUITO MÁS DE EXAGERACIÓN. CON EL TIEMPO, LA GENTE NO SABÍA QUÉ ERA VERDAD Y QUÉ NO.

DE TODOS MODOS, ESOS CITADINOS ESTABAN FASCINADOS Y LES ENCANTABA OÍR LAS AVENTURAS DE LOS MONTAÑESES.

¡LES VOY A CONTAR SOBRE LA PESCA EN YELLOWSTONE!

¡TAMBIÉN CUÉNTANOS SOBRE LA CAZA!

EN YELLOWSTONE HAY UN LAGO ESPECIAL PARA PESCAR QUE ESTÁ LLENO DE TRUCHAS GRANDES Y GORDAS, Y JUSTO AL LADO DEL LAGO HAY UNA FUENTE DE AGUA CALIENTE. BUENO, EL AGUA CALIENTE DE LA FUENTE DESEMBOCA EN EL LAGO Y FLOTA SOBRE EL AGUA FRÍA DEL LAGO.

TODO LO QUE HAY QUE HACER ES SACAR DE LA TIERRA UNAS LOMBRICES QUE SE MENEAN MÁS QUE CUALQUIER LOMBRIZ DEL MUNDO. LUEGO LANZAN SU LÍNEA DE PESCA CON UNA LOMBRIZ EN EL ANZUELO, Y TODO ESE MENEO ATRAE A LAS TRUCHAS QUE NADAN EN EL AGUA DEL LAGO FRÍO.

CUANDO UNA TRUCHA PICA, SE ENROLLA EL CARRETEL Y CUANDO EL PEZ HAYA SALIDO DEL AGUA, YA ESTÁ COCINADO Y LISTO PARA COMERLO. AHÍ LO TIENEN: "¡CENA INSTANTÁNEA!".

19

JIM TAMBIÉN CONTABA HISTORIAS DE CAZA. UNA VEZ, CAMINABA CON LA CENA EN MENTE; DE REPENTE, DIVISÓ A UN GRAN ALCE QUE MASCABA HIERBA.

¡BANG!

LLEGÓ A UN BUEN LUGAR PARA APUNTAR Y DISPARÓ.

JIM CARGÓ SU ARMA Y AVANZÓ A HURTADILLAS. SABÍA DESPLAZARSE A HURTADILLAS PORQUE HABÍA VIVIDO MUCHOS AÑOS CON LOS NATIVOS Y ESTOS LE HABÍAN ENSEÑADO A ACERCARSE SIGILOSAMENTE A LOS ANIMALES QUE CAZABA. ESTA ERA UNA DESTREZA ÚTIL.

JIM ERA UN BUEN TIRADOR, PERO PARA SU SORPRESA, EL ANIMAL SEGUÍA ALLÍ DE PIE MASCANDO LA HIERBA. JIM SE RASCÓ LA CABEZA Y SE PREGUNTÓ CÓMO HABÍA FALLADO UN BLANCO TAN FÁCIL.

¡BANG!

VOLVIÓ A CARGAR SU ARMA Y SE ACERCÓ MÁS.

AHORA JIM ESTABA MUY CERCA. ELEVÓ SU ARMA Y DISPARÓ CON MAYOR CUIDADO.

DESPUÉS DE QUE EL HUMO SE DISIPÓ, JIM NO PODÍA CREER QUE HUBIERA FALLADO DE NUEVO. SE IMAGINÓ QUE SU ARMA ESTABA DOBLADA O SUS OJOS NO VEÍAN BIEN.

JIM LEVANTÓ SU CUCHILLO Y CORRIÓ HACIA EL ALCE, PERO ANTES DE LLEGAR AL ALCE, GOLPEÓ ALGO DURO QUE LO TIRÓ HACIA ATRÁS.

TIRÓ SU ARMA AL PISO CON ENOJO, SACÓ SU CUCHILLO Y AVANZÓ A HURTADILLAS DE NUEVO, Y EL ALCE NO LO OYÓ.

SE LEVANTÓ, SE FROTÓ LA CABEZA Y SE PREGUNTÓ CON QUÉ SE HABÍA ENCONTRADO. JIM ESTIRÓ SU MANO Y PALPÓ LO QUE LO RODEABA. HABÍA CHOCADO CONTRA UN MURO DE CRISTAL TAN GRANDE COMO UNA MONTAÑA. CON RAZÓN SUS DISPAROS HABÍAN FALLADO. ¡EL ANIMAL ESTABA DE PIE AL OTRO LADO DE UNA MONTAÑA DE CRISTAL! JIM PODÍA VER AL ALCE TAN CLARO COMO EL DÍA, PERO LA MONTAÑA ERA MUY GRANDE PARA RODEARLA.

ESA NOCHE, JIM SE FUE A DORMIR CON UN ESTÓMAGO QUE RUGÍA.

RUGIDO
RUGIDO
RUGIDO

UN DÍA, JIM Y SU CABALLO VIAJABAN A TRAVÉS DEL PAISAJE DE YELLOWSTONE EN BUSCA DE COMIDA. HABÍA SIDO UN VERANO SECO Y NO HABÍA ANIMALES CERCA PORQUE TODOS HABÍAN PARTIDO EN BUSCA DE AGUA. JIM TENÍA TANTA HAMBRE, QUE INCLUSO SE HABÍA COMIDO UNO DE SUS MOCASINES.

ENTONCES, DELANTE DE ÉL, JIM DIVISÓ UN VERDE BOSQUE FRONDOSO, Y PENSANDO QUE ENCONTRARÍA COMIDA ALLÍ, SIGUIÓ CABALGANDO ENTRE LOS ÁRBOLES.

SEGURAMENTE ALLÍ HABÍA CONEJOS, GALLOS DE SALVIA Y OSOS SENTADOS, PARADOS Y COMIENDO. PERO EL BOSQUE TENÍA ALGO MUY EXTRAÑO. JIM SE BAJÓ DE SU CABALLO Y SE RASCÓ LA CABEZA, COMO HACÍA GENERALMENTE CUANDO SE PONÍA A PENSAR.

LUEGO SE DIO CUENTA DE QUE NINGUNO DE LOS ANIMALES SE
MOVÍA, Y LOS ÁRBOLES ESTABAN TAN QUIETOS COMO ESTATUAS.
JIM SACÓ SU GRAN CUCHILLO DE CAZA Y CORTÓ EL TRONCO
DE UN ÁRBOL. UNA LLUVIA DE CHISPAS VOLARON EN TODAS
DIRECCIONES. OBSERVÓ EL ÁRBOL MÁS DE CERCA. "¡PERO...
ESTE ÁRBOL ESTÁ PETRIFICADO!". EXCLAMÓ JIM PARA SÍ MISMO.
PETRIFICADO SIGNIFICA QUE ESTÁ CONVERTIDO EN PIEDRA.

JIM SE RASCÓ LA CABEZA UN POCO MÁS.
SE DIO CUENTA DE QUE LOS ÁRBOLES,
LOS ANIMALES E INCLUSO EL SUELO
ESTABAN PETRIFICADOS. LAS AVES
ESTABAN SUSPENDIDAS EN EL AIRE
COMO SI ESTUVIERAN VOLANDO, PERO
ESTABAN INCREÍBLEMENTE QUIETAS.

DESPUÉS DE RASCARSE MÁS,
JIM SE DIO CUENTA DE QUE
NO IBA A ENCONTRAR LA CENA
EN UN BOSQUE PETRIFICADO.
VOLVIÓ A SUBIRSE A
SU CABALLO Y SIGUIÓ
CABALGANDO, MIENTRAS
MASTICABA SU OTRO MOCASÍN.

Compruébalo   ¿De qué manera estos cuentos exagerados incluyen características reales del medio ambiente natural de Yellowstone?

23

GÉNERO Artículo de opinión

Lee para descubrir sobre las opiniones con respecto al regreso de los lobos a Yellowstone.

EL REGRESO DEL LOBO

por Lara Winegar

En el campo abierto del parque nacional Yellowstone, puedes escuchar un sonido intrigante que flota en el viento. Un animal huidizo, aunque frecuentemente temido, emite el largo aullido agudo. El lobo gris es una criatura tímida que ha sido objeto de muchas leyendas y en la actualidad es objeto de acalorados debates.

El lobo gris ha vivido en Norteamérica durante miles de años, pero mientras más personas se establecían en los Estados Unidos durante el siglo XIX, muchas especies de animales **predadores** eran mal vistos. Se creía que los lobos eran una amenaza para el ganado y las ovejas, y el gobierno pagaba para que mataran a los lobos. Ya en la década de 1930 los lobos estaban casi extintos en la mayor parte de los Estados Unidos.

En 1995, el lobo gris se restituyó a Yellowstone. Esta decisión motivó mucho desacuerdo. Algunos estaban a favor de la restitución. Otros no.

Desde que las personas han compartido el medio ambiente con los lobos, han tenido opiniones sobre ellos. Una opinión es el punto de vista o el juicio que se emite sobre un tema. Las opiniones no siempre se basan en hechos. El regreso del lobo ha afectado a muchas personas que viven cerca del parque. Algunos creen que los lobos son predadores maliciosos mientras que otros ven a los lobos como un componente esencial del ecosistema, o todas las plantas, los animales y objetos inertes del medio ambiente de Yellowstone. Analiza las siguientes opiniones. Luego decide con cuál es más probable que estés de acuerdo.

La opinión de un ranchero

Los ranchos son granjas grandes donde el ganado, como el vacuno y el ovino, se crían como alimento. La ganadería es una industria importante en Wyoming y Montana. Como la ganadería es esencial para la economía en la región de Yellowstone, la pérdida de ganado puede causar una dificultad económica para los rancheros.

En los últimos siglos, se hacía un largo viaje al oeste para que las familias tuvieran una vida mejor. Los colonos necesitaban una manera de ganarse la vida. La ganadería brindaba una manera de ganar dinero.

A comienzos del siglo XX, el gobierno ofrecía una recompensa, o premio monetario, por matar lobos. Se consideraba a los lobos como predadores y una amenaza para el ganado. Muchos rancheros rápidamente aceptaron estas recompensas, ya que estaban convencidos de que los lobos amenazaban a su ganado. También les gustaba la cantidad de dinero que podían ganar con las recompensas.

A los rancheros les preocupó que se restituyera a los lobos a Yellowstone en 1995. Su preocupación ha crecido a medida que el número de lobos ha aumentado. Los lobos recorren grandes distancias y suelen terminar fuera de los límites del parque y en terrenos de ranchos. A veces los lobos matan y comen vacas u ovejas. Por ley, los rancheros no pueden matar un lobo a menos que lo atrapen cuando ataca a su ganado. En su mayor parte, lo que encuentran los rancheros son restos de animales que los lobos comieron. Los rancheros están frustrados porque no pueden proteger su ganado de los ataques.

Los lobos son animales predadores, y muchos rancheros creen que no pertenecen al parque. Los rancheros sienten que se retiró a los lobos una vez y no debería restituírselos. Muchos rancheros creen que los lobos matarán a su ganado y, como resultado, su renta, o lo que ganan de la ganadería, disminuirá. Creen que la mejor solución es retirar a los lobos de manera permanente.

La opinión de un conservacionista

Los conservacionistas tienen una opinión diferente de la de los rancheros sobre la restitución de los lobos a Yellowstone. Los conservacionistas quieren proteger a las especies de animales y plantas y ecosistemas completos. También creen que las áreas impactadas por cambios humanos deben restituirse a la naturaleza.

Los lobos vivieron y prosperaron en la región de Yellowstone por miles de años. Vivían allí mucho antes de que los rancheros comenzaran a establecerse en esa parte de los Estados Unidos.

Los conservacionistas creen que se retiró a los lobos de la zona solo a causa de los seres humanos. Se ofrecía una recompensa por matar lobos. Creen que los lobos son una especie **autóctona,** o nativa, y deben traerse de vuelta a Yellowstone, su hábitat natural.

Los conservacionistas también argumentan que los lobos son esenciales para la salud del medio ambiente. De hecho, son una parte importante del ecosistema de Yellowstone.

Los lobos son animales predadores. Controlan las poblaciones de animales de **presa** como el alce y el bisonte. Sin lobos, los animales de presa sobrepoblarían el área y causarían daño al ecosistema de Yellowstone.

Los conservacionistas saben que los lobos matan al ganado. Sin embargo, no creen que los lobos hagan esto con frecuencia, debido a los numerosos animales de presa del parque. Argumentan que restituir los lobos a Yellowstone fue una buena decisión. De hecho, creen que no se debería haber retirado a los lobos, en primer lugar.

La opinión de un científico

 Durante años, los científicos discutieron el reintroducir al lobo gris al parque nacional Yellowstone. Antes de que los eliminaran, los lobos estaban entre los predadores de nivel superior en la **cadena alimenticia**, o todas las redes alimenticias de un ecosistema. Ahora que se ha restituido a los lobos, pueden estudiarse empleando métodos científicos. Los científicos quieren estudiar si el lobo gris es esencial para el ecosistema. Los científicos ponen su propia opinión al margen y reúnen información de una manera objetiva, o neutral.

Desde 1995, los lobos de Yellowstone se han convertido en el grupo de lobos más estudiado del mundo. Cuando se liberó a los lobos, usaban collares de rastreo. Estos collares ayudaron a los científicos a rastrear dónde viajaban los lobos, qué comían y cuánto vivían.

La investigación ha mostrado que los lobos influyen en otras especies en Yellowstone de maneras interesantes. La presencia del lobo gris mantiene a los alces en guardia. Los alces ya no pastan en un lugar por mucho tiempo, lo que evita que coman ciertos árboles en exceso. Ahora que los árboles pueden crecer de nuevo, los castores usan esos árboles como alimento y refugio. Como resultado, la población de castores ha aumentado.

Mientras que a algunos les preocupa la seguridad, la restitución de los lobos en Yellowstone se planificó con cuidado. Se retira a los lobos que atacan al ganado o se acostumbran demasiado a las personas. La seguridad de las personas y los lobos es importante.

Sea cual sea tu opinión sobre los lobos en Yellowstone, estos animales brindan una oportunidad para que los científicos estudien a un predador superior en condiciones poco comunes. Los científicos pueden usar esta información para tomar decisiones bien informadas sobre el medio ambiente en el futuro.

Los científicos a veces sedan a los lobos para poder examinarlos más de cerca.

Compruébalo ¿Con qué punto de vista estás más de acuerdo? ¿Por qué?

31

Comenta

1. ¿Qué conexiones puedes establecer entre los cuatro artículos de *Parque nacional Yellowstone*? ¿Cómo crees que se relacionan los artículos?

2. Gravadas en el Arco de Roosevelt, se leen las palabras: "Para el beneficio y el disfrute del pueblo". ¿Crees que estas palabras pueden ser verdaderas para todos los parques nacionales? ¿Por qué?

3. Compara los cuentos exagerados con el paseo volcánico de Yellowstone. ¿En qué se parecen las descripciones del cuento exagerado de Jim Bridger con la realidad? ¿De qué manera se exageran los cuentos?

4. ¿Cuáles son algunos de los efectos de la restitución de los lobos en el medio ambiente y las personas que viven cerca de Yellowstone? ¿Cuál es tu opinión sobre la situación?

5. ¿Qué más quieres saber sobre el medio ambiente en Yellowstone y los problemas que lo rodean?